BEI GRIN MACHT SICH IHR WISSEN BEZAHLT

- Wir veröffentlichen Ihre Hausarbeit, Bachelor- und Masterarbeit

- Ihr eigenes eBook und Buch - weltweit in allen wichtigen Shops

- Verdienen Sie an jedem Verkauf

Jetzt bei www.GRIN.com hochladen und kostenlos publizieren

Bibliografische Information der Deutschen Nationalbibliothek:

Die Deutsche Bibliothek verzeichnet diese Publikation in der Deutschen Nationalbibliografie; detaillierte bibliografische Daten sind im Internet über http://dnb.d-nb.de/ abrufbar.

Dieses Werk sowie alle darin enthaltenen einzelnen Beiträge und Abbildungen sind urheberrechtlich geschützt. Jede Verwertung, die nicht ausdrücklich vom Urheberrechtsschutz zugelassen ist, bedarf der vorherigen Zustimmung des Verlages. Das gilt insbesondere für Vervielfältigungen, Bearbeitungen, Übersetzungen, Mikroverfilmungen, Auswertungen durch Datenbanken und für die Einspeicherung und Verarbeitung in elektronische Systeme. Alle Rechte, auch die des auszugsweisen Nachdrucks, der fotomechanischen Wiedergabe (einschließlich Mikrokopie) sowie der Auswertung durch Datenbanken oder ähnliche Einrichtungen, vorbehalten.

Impressum:

Copyright © 2014 GRIN Verlag
Druck und Bindung: Books on Demand GmbH, Norderstedt Germany
ISBN: 9783668228009

Dieses Buch bei GRIN:

https://www.grin.com/document/323661

Tobias Gesella

Der erste Eindruck zählt? Über die Funktionsweise sozialer Wahrnehmung

GRIN Verlag

GRIN - Your knowledge has value

Der GRIN Verlag publiziert seit 1998 wissenschaftliche Arbeiten von Studenten, Hochschullehrern und anderen Akademikern als eBook und gedrucktes Buch. Die Verlagswebsite www.grin.com ist die ideale Plattform zur Veröffentlichung von Hausarbeiten, Abschlussarbeiten, wissenschaftlichen Aufsätzen, Dissertationen und Fachbüchern.

Besuchen Sie uns im Internet:

http://www.grin.com/

http://www.facebook.com/grincom

http://www.twitter.com/grin_com

Soziale Wahrnehmung

Studienfach: Sozialpsychologie

Seminararbeit im Rahmen des Moduls Sozialpsychologie

FOM

Hochschule für Oekonomie & Management, Essen

Studiengang: BWP – Betriebswirtschaft & Wirtschaftspsychologie

2. Semester

Inhaltsverzeichnis

1	Einleitung	4
1.1	Grundlage	4
1.2	Zielsetzung und Vorgehensweise	4
2	Funktionsweise der Wahrnehmung	5
3	Verzerrung und Einflüsse der Wahrnehmung	6
4	Emotionen und nonverbale Kommunikation	7
5	Die Bildung und Beeinflussung von Eindrücken	8
6	Implizite Persönlichkeitstheorien	8
7	Attributionstheorien	9
8	Kovariationstheorie	10
9	Selbstwirksamkeit, Einstellungen und Vorurteile	11
10	FAZIT	11
	Literaturverzeichnis	13

1 Einleitung

1.1 Grundlage

Das Wesen bzw. die Persönlichkeit unseres Gegenübers lässt sich nicht anhand einer einzelne Impression erfahren, hierfür bedarf es einer Vielzahl weitere Eindrücke, die größten Teils unbewusst in uns verarbeitet werden. Wer kennt nicht das Gefühl auf Anhieb Sympathie für eine fremde Person zu empfinden? Umgekehrt gibt es auch Situationen, in denen wir regelrecht Abneigung einem anderen gegenüber verspüren ohne einen rationalen Grund für unsere Gemütsregung zu erkennen. Hierbei lässt es sich schon erahnen, dass die Mechanismen wie wir jemanden wahrnehmen vielsichtiger und komplexer sind als angenommen. Wahrnehmung bestimmt im Wesentlichen das menschliche Verhalten und hängt davon ab, wie das Individuum seine umgebende Welt interpretiert. Menschen leben in immer größer werdenden Gesellschaften, welche sich auch kulturübergreifend immer weiter vermischen, umso wichtiger ist das Verständnis für seine Mitmenschen. Der Prozess, durch den Menschen das Verhalten ihrer Mitmenschen verstehen und zuordnen können, wird als soziale Wahrnehmung bezeichnet. Hierzu zählt besonders der Ersteindruck von seinem Gegenüber. Aber was genau passiert in diesem kurzen Vorgang und gibt es für diesen ersten Eindruck eine zweite Chance? Ist dieser Eindruck begrenzt oder kann er sogar verzerrt werden? Und ist der Ersteindruck bei jeder Kultur, Gattung und Spezies gleich? Diese Fragen sollen zum Anlass genommen werden zu untersuchen ob sich soziale Wahrnehmung genauso einfach und schnell erklären lässt wie sie unbewusst abläuft.

1.2 Zielsetzung und Vorgehensweise

Um zu verstehen wie soziale Wahrnehmung funktioniert, muss zuerst der generelle Prozess dahinter verstanden werden sowie die Verzerrungen und Einflüsse der Wahrnehmung. Wenn wir einen anderen Menschen wahrgenommen haben, heißt es aber noch lange nicht, dass wir diesen auch verstehen oder seine Handlungen kennen. Wir benötigen also weitaus mehr Informationen um uns ein ganzes Bild von unserem Gegenüber zu verschaffen, dazu zählen Emotionen und nonverbale Kommunikation genauso wie eigene auf Erfahrungswerte aufgebaute Schemata, um seine Mitmenschen mental einsortieren zu können. Die Informationsverarbeitung, welche durch die impliziten Persönlichkeitstheorien und Attributionstheorien beeinflusst wird, werden genauso untersucht, wie die darauf aufbauenden eigenen Schlussfolgerungen welche durch Selbstwirksamkeit, Einstellungen und Vorurteile verzerrt werden. Des Weiteren wie wir dafür sorgen, dass sich die Welt manchmal so verhält wie wir es erwarten. Zum Schluss folgt ein Fazit zu den gewonnen Erkenntnissen.

2 Funktionsweise der Wahrnehmung

Wahrnehmung ist ein Prozess welcher aus drei Stufen besteht. Die sensorische Stufe, welche auch als Empfindungen bezeichnet wird, in denen Reize über die Sinnesorgane aufgenommen und weiter verarbeitet werden. Der perzeptuellen Stufe (entdecken und erfassen), in der die Empfindungen organisiert werden, so dass eine Gestalt, also etwas Ganzes entsteht. Die Stufe der Identifikation und des Wiedererkennens, in der die zu einer Gestalt geformten Empfindungen mit Gedächtnisrepräsentationen verglichen werden, um als vertraute und bedeutungsvolle Objekte erkannt zu werden. Dieser Prozess der Wahrnehmung folgt einander in ununterbrochener Reihenfolge, allerdings kann immer nur eine auf einmal bewusst erfahren werden, so dass unsere Aufmerksamkeit selektiv ist (Zimbardo et al., 2008, S.157; Myers, 2008, S.258). Allerdings ist durch die Tendenz, visuelle Faktoren zu ganzen Formen zusammenzusetzen, das Ganze mehr als die Summe seiner Teile (Myers, 2008, S.264). Ansonsten wäre ein Baum primär Wurzel, Stamm, Ast und Blatt. Das bedeutet, dass wir unser Bewusstsein in jedem Moment immer nur auf einen sehr begrenzten Aspekt von all dem richten, was wir erleben (Myers, 2008, S.259). Aus allen Daten werden diejenigen gefiltert, die wir für das Überleben benötigen. Wahrnehmung geschieht nach Gattung, es kann nur das wahrgenommen werden was die Sinnesorgane aufnehmen können und ist demnach begrenzt. So kann ein Mensch nur einen bestimmten Frequenzbereich hören, und eine Katze einen größeren. Aufgrund der schlechteren Augen und des viel besseren Geruchssinnes eines Hundes gegenüber des gegenteiligen Verhältnisses eines Menschen, wird für den Hund ein Baum eher ein Geruchskomplex darstellen. Jedes Sinnesorgan einer Gattung hat zwar theoretisch die gleiche Grundvoraussetzung, jedoch kann durch Krankheit,

Verletzung und Verschleiß die Leistung der Reizaufnahme unterschiedlich nachlassen. Wahrnehmung ist somit eine Gattungsabhängige Interpretation, bei der innerhalb einer Gattung bereits Feinheiten in der Wahrnehmung existieren. Statistisch ist die Wahrnehmung generell bei Weibchen anders als bei Männchen.

3 Verzerrung und Einflüsse der Wahrnehmung

Da jeder Beobachter in jede Beobachtung seinen subjektiven Blickwinkel, wie Vorurteile und Erwartungen, mit einbringt, kann es zu starken Wahrnehmungsverzerrungen kommen. So können verschiedene Menschen die gleichen Ereignisse beobachten, diese jedoch unterschiedlich sehen. Unsere Erfahrungen, Annahmen und Erwartungen können uns ein Wahrnehmungsset oder eine mentale Prädisposition vorgeben, die das, was wir sehen, entscheidend beeinflusst. Haben wir uns erst einmal eine falsche Vorstellung von der Wirklichkeit gemacht, dann fällt es uns schwer, die Wahrheit zu sehen (Myers, 2008, S.278). Psychologische Studien belegen was einige von uns bereits schon vermutet hatten, so bekommen z.B. attraktivere Babys bei der Kindererziehung mehr Aufmerksamkeit geschenkt, was wiederrum bewirkt, dass Kinder sich genauso verhalten wie das auf sie projizierte Label. Wenn ein kleines Mädchen von seinen Eltern immer als niedlich gehalten und auch so in jeder Situation behandelt wird, dann hat das Mädchen keine andere Wahl als sich wie ihr Label zu verhalten, da sie ihren Eltern gefallen möchte. Dadurch werden die Eltern natürlich wieder bestärkt das Label für ihre Tochter aufrecht zu erhalten. Auch bei der Personalauswahl wird die äußerliche Erscheinung meist über die beruflichen Qualifikationen gestellt und in der amerikanischen Justiz werden attraktive Menschen sogar nachweislich weniger hart bestraft (Schneider et al., 1977). Aber nicht nur die Attraktivität nimmt Einfluss auf die Sympathie seines Gegenübers, sondern auch die Ähnlichkeit zu einem selbst, denn wenn einem die Tendenzen seines Gegenübers in irgendeiner Weise als ähnlich empfunden werden, so wird diese Person auch eher ins positive Licht gerückt. Die Vertrautheit zu Menschen, wie der eigene Nachbar, den immer gleichen Mitfahrer im Bus oder den Mitstudenten auf dem Uni-Campus, welche sich immer wieder über den Weg laufen, zählt auch zur positiven Sympathie Bildung. Als letzten Punkt sei noch die Assoziation mit etwas positivem beim Gegenüber zu nennen, z.B. die als schön empfundene Halskette oder ein Kleidungsstück, was einen Menschen sympathischer macht. Obwohl wir wissen, dass man nicht nach dem äußeren Anschein urteilen sollte, ist diese leicht erhältliche Information entscheidend für den ersten Eindruck. So beeinflussen körperliche Eigenschaften, wie man Menschen beurteilt (Aronson et al., 2008, S.92, zit. n. Hatfield & Sprecher, 1968). Selbstverständlich hat die verbale Kommunikation ebenfalls einen starken Einfluss.

4 Emotionen und nonverbale Kommunikation

Die meisten Informationen von unserem Gegenüber bekommen wir bereits ganz ohne Sprache. Nonverbale Kommunikation bezeichnet das absichtliche oder unabsichtliche Kommunizieren ohne Worte. Gesichtsausdruck, Tonfall, Gesten, Körperhaltung, Körperbewegungen sowie der Einsatz von Blicken sind die meistgenutzten und aufschlussreichsten Signale der nichtverbalen Kommunikation. (Aronson et al., 2008, S.92 zit. n. Henley, 1997; Knapp & Hall, 2006). Im Nonverbalen Verhalten existiert auch ein Geschlechtervergleich. Frauen sind in dieser Art von Botschaften anscheinend besser trainiert als Männer, was wohlmöglich auf die gesellschaftliche Rolle der Frau zurückzuführen ist (Aronson et al., 2008, S.100 zit. n. Hall, 1979, 1984; Rosenthal & De Paulo, 1979). Des Weiteren existieren sechs grundlegende Gesichtsausdrücke, Wut, Freude, Überraschung, Furcht, Abscheu und Trauer, welche kulturübergreifend und bereits angeboren sind. Diese können sogar bei blind geborenen Kindern nachgewiesen werden. Hinzu kommen noch viele Gesichtsausdrücke die ebenfalls kulturübergreifend erlernt werden (Aronson et al., 2008, S.93 zit. n. Biehl et al., 1997; Ekman, 1993, 1994; Ekman et al., 1987; Elfenbein & Ambady, 2002; Haidt & Keltner, 1999; Izard, 1994). Zur nonverbalen Kommunikation zählt ebenfalls die komplette Körperhaltung, Bewegungen, Berührungen und auch die Intimdistanz, also der räumliche Abstand zu einander. Dadurch, dass wir die Signale an uns selber kennen, können wir uns in die Lage unseres Gegenübers hineinversetzen. „Wir müssen nicht immer darüber nachdenken was unser Gegenüber fühlt, sondern wissen es meistens." (Aronson et al., 2008, S.92 zit. n. Winerman, 2005, S.50). Kommunikationserfolg besteht fast ausschließlich aus mehrkanaliger nonverbaler Kommunikation.

5   Die Bildung und Beeinflussung von Eindrücken

Die ganzen gesammelten Eindrücke der Wahrnehmung werden nun unbewusst zu einem Ganzen zusammengefügt, unser Gegenüber passt nun in eine von uns kognitiv bereit gestellte Schablone und kann mental in eine Schublade einsortiert werden. Der sogenannte Ersteindruck entsteht und mit ihm mögliche Urteilsfehler, welche als Konsequenz des Ökonomieprinzips der menschlichen Informationsverarbeitung interpretiert werden können. Das Ökonomieprinzip besteht darin, mit möglichst geringem Aufwand ein für die meisten Lebenssituationen hinreichend zufriedenstellendes Ergebnis erzielen zu können. Hierzu zählt der Halo-Effekt, bei dem ein einzelnes Merkmal einer Person so dominant wirkt, dass andere Merkmale in der Beurteilung dieser Person sehr stark in den Hintergrund gedrängt bzw. gar nicht mehr berücksichtigt werden (http://www.spektrum.de/lexikon/psychologie/halo-effekt/6232). Ebenso der sogenannte serielle Positionseffekt. Das ist die Tendenz sich am besten den ersten (Primacy) und den letzten (Recency) Eindruck einzuprägen (Myers, 2008, S.387). Diese dargebotenen Informationen haben einen überproportional großen Einfluss auf die weitere Wahrnehmung und Eindrucksbildung, folglich eine Tendenz zur Beharrung. Diese Effekte haben dann immer noch Einfluss auf die Beurteilung einer Person auch wenn sie sich nachfolgend als falsch herausgestellt haben, denn Menschen tendieren ebenfalls dazu gezielt nach Informationen zu suchen, welche ihre Eindrücke bestätigen. So stellt sich nach einem guten Ersteindruck und einer anschießenden Leistungsverschlechterung, keine schlechtere Beurteilung ein. Dieser Prozess wird als First Impression Error bezeichnet.

6   Implizite Persönlichkeitstheorien

Erst wenn das Unerwartete eintritt, analysieren wir, warum Menschen bestimmte Handlungen vollziehen (Myers, 2008, S.638). Dafür setzen Menschen ihre Schemata ein. Eine mentale Abkürzung um schnell Eindrücke zu gewinnen, damit die Lücken aus einer geringen Menge an Informationen geschlossen werden. Dadurch können wir herausfinden wie unser Gegenüber ist, ohne wochenlang Zeit mit Ihm zu verbringen. Dieser Vorgang nennt sich implizite Persönlichkeitstheorie. Wenn jemand freundlich ist, gibt uns die implizite Persönlichkeitstheorie Aufschluss darüber ob diese Person wahrscheinlich auch großzügig ist. Aber auch diese Schemata können in die Irre führen, sogar zu einem stereotypen Denkmuster. Diese Theorien entwickeln sich mit der Zeit und der Erfahrung. Implizite Persönlichkeitstheorien sind auch stark kulturell geprägt und werden von Generation zu Generation weitergegeben (Aronson et al., 2008, S.101). Wenn zum Beispiel Amerikaner jemanden „hilfsbereit" finden, sehen sie ihn auch als „aufrichtig"; eine „geschickte" Person ist auch „vorsichtig" (Aronson et al., 2008, S.102 zit. n. Rosenberg et al., 1968).

7 Attributionstheorien

All die vorher genannten Theorien sind bereits sehr hilfreich dabei uns ein Bild von unserem Gegenüber zu gestalten, allerdings ist es mit den bis hierhin gewonnen Informationen immer noch nicht möglich zu erklären was das Verhalten unseres Gegenübers wirklich bedeutet. Um dies zu entschlüsseln kommen die Attributionstheorien zum Einsatz, welche ihren Ursprung in den Schriften von Fritz Heider (1958) finden (Zimbardo et al., 2008, S.637). Hierbei werden die gleichen Areale im Gehirn, die auch bei den Aspekten des Selbst aktiv sind, benutzt (Fischer et al., 2013, S.200). Um einen anderen Menschen zu verstehen muss man sich selbst verstehen, denn erst dann kann man von sich auf andere schließen, indem man sich z.B. vergleicht oder durch geprägte Einstellungen und Vorurteile anfängt zu interpretieren. Es gibt zwei Arten von Attribution. Zum einen die internale Attribution, eine Annahme, dass ein Mensch sich aufgrund seines Charakters oder seiner Persönlichkeit auf eine bestimmte Weise verhält. Auf der anderen Seite steht die externale Attribution, eine Annahme, dass sich ein Mensch aufgrund seiner Situation, in der er sich befindet, auf eine bestimmte Weise verhält. Bei der letzteren wird vermutet, dass die meisten Menschen sich in der gleichen Situation auf dieselbe Weise verhalten. Durch die Attributionsstile werden Erfolge oft den eigenen Leistungen zugeschrieben (internal) während für Misserfolge meist widrige äußere Umstände verantwortlich gemacht werden (external). Das beruht darauf, dass Menschen grundsätzlich dazu motiviert sind, ihren Selbstwert zu schützen und wenn möglich sogar zu erhöhen (Fischer et al., 2013, S.42). Teilweise wird mit diesen Annahmen richtig gelegen, allerdings unterliegen die Menschen sehr häufig dem fundamentalen Attributionsfehler, indem Einflüsse der Persönlichkeit überschätzt und die Bedeutung der Situation unterschätzt wird, wobei die Menschen sich selbst als weniger anfällig für die Phänomene ansehen als andere (Myers, 2008, S.639 &

S.637). Dieser fundmentale Attributionsfehler hat zur Folge, dass wir zum Teil auf falsche Persönlichkeitseigenschaften unseres Gegenübers schließen. Das Erkennen von den Gefühlszuständen ist ebenfalls ein wichtiger Bestandteil der sozialen Wahrnehmung um auf sein Gegenüber eingehen zu können. Der Vorgang wie wir das Verhalten anderer erklären, hat einen Einfluss darauf, wie wir Ihnen gegenüber auftreten. Wenn wir zum Entschluss kommen, dass unser Gegenüber nicht Vertrauenswürdig erscheint, so werden wir mit einem hohen Maß an Vorsicht reagieren.

8 Kovariationstheorie

In den Attributionstheorien wird versucht zu erklären wie Menschen entscheiden, entweder internal oder external, aber wir wissen immer noch nicht wieso die Menschen so entscheiden. Wenn ein Gast dem Kellner ein hohes Trinkgeld überreicht, bedeutet dies, dass er zufrieden mit dem Service war? Oder bedeutet es einfach nur, dass der Gast generell großzügig ist? Um das herauszufinden gibt es das Kovariationsmodell nach Kelleys Theorie. Eine Theorie, die besagt, dass wir für eine Attribution über das Verhalten eines Menschen systematisch das Muster der Präsenz oder Abwesenheit möglicher kausaler Faktoren und des Auftretens oder Fehlens der fraglichen Verhaltensweise analysieren (Aronson et al., 2008, S.105). Es gibt drei Schlüsseltypen und demnach drei Fragetypen. Distinktheit: Ist das Verhalten spezifisch für diese Situation? Konsistenz: Tritt das Verhalten wiederholt als Reaktion auf diese Situation auf? Konsens: Verhalten sich andere Menschen in der gleichen Situation genauso? Bei niedriger Konsistenz wird das Verhalten des Akteurs als Ausnahme eingestellt. Bei hoher Konsistenz wird in zwei Möglichkeiten unterschieden. Zum einen in niedrigen Konsens und niedrige Distinktheit, welche zu einer internen Attribution führt und zum anderen in hohen Konsens und hohe Distinktheit, welche zu einer externen Attribution führt. Anhand des Kellners Beispiels würde das bedeuten, dass zuerst die Frage beantwortet werden muss, ob der Gast regelmäßig ein hohes Trinkgeld gewährt. Wenn die Frage mit „Ja" beantwortet werden kann, gilt es herauszufinden ob generell alle Gäste in diesem Restaurant hohe Trinkgelder geben und ob die Person nur in ganz bestimmten Situationen hohe Trinkgelder gewährt. Die Menschen beobachten die Signale einer Handlung und sortieren diese unbewusst in das von Kelley entdeckte Modell ein und ziehen dann einen logischen Schluss, warum eine Person auf eine bestimmte Weise gehandelt hat. Mehrere Studien haben bestätigt, das Attributionen tatsächlich oft so gemacht werden, wie es in Kelleys Modell dargestellt wird (Aronson et al., 2008, S.106 zit. n. Försterling, 1989; Gilbert, 1998a; Hewstone & Jaspars, 1987; Hilton et al., 1995; Orvis et al., 1975; White, 2002). Wenn allerdings nicht alle Informationen für dieses Modell vorliegen, werden die Lücken mit Mutmaßungen gefüllt (Aronson et al., 2008, S.107 zit. n. Fiedler et al., 1999; Kelley, 1973).

9 Selbstwirksamkeit, Einstellungen und Vorurteile

Die Überzeugung in einer bestimmten Situation die angemessene Leistung zu erbringen, oder wie unsere eigenen Erwartungen uns beeinflussen, nehmen einen weiteren Teil bei der sozialen Wahrnehmung ein. Wenn wir uns selbst positiv gegenüber eingestellt sind, so haben wir auch automatisch eine positivere Einstellung zu unserem Gegenüber, das gleiche gilt natürlich auch für den umgekehrten Fall. Dieses Verhalten bewirkt, dass die Welt sich manchmal so verhält wie wir sie gerne hätten. Selbstwirksamkeit beeinflusst die Wahrnehmung, die Motivation und die eigene Leistung in vielfältiger Weise. Im Normalfall wird kein Risiko eingegangen um ein Ziel zu erreichen, wenn erwartet wird, dass dieses Ziel sowieso nicht erreicht werden kann (Zimbardo et al., 2008, S. 528). Das Gleiche gilt für die positiven und negativen Einstellungen zur Bewertungen von Menschen, Objekten und Vorstellungen. Oft sind wir uns diesen Einstellungen gar nicht bewusst, jedoch lenken Sie unsere Wahrnehmungen und Verhalten. Vorurteile, welche durch kulturbedingte Umstände antrainiert sind oder welche auf eigenen Erfahrungswerten beruhen beeinflussen unsere Einstellungen selbst dann noch, wenn wir persönlich der Meinung sind Vorurteils frei zu sein (Fischer et al., 2013, S.81 zit. die Studie von LaPiere, 1934).

10 FAZIT

Was soziale Wahrnehmung genau ist lässt sich am besten mit folgender Definition beschreiben: „Soziale Wahrnehmung ist der Prozess, durch den Menschen, das Verhalten anderer verstehen und kategorisieren." (Zimbardo et al., 2008, S.637). Wie dieser Prozess allerdings genau abläuft lässt sich nur schwer erklären. Er besteht aus einer Mischung von sehr vielen wahrgenommenen und interpretierten Informationen, welche zusätzlich gepaart werden mit den eigenen Einstellungen und Vorurteilen. Genau diese Mischung lässt soziale Wahrnehmung auch zu einem individuellen psychologischen Fingerabdruck werden. Denn keine Person kann genauso wahrnehmen wie eine andere, obwohl wir uns alle in der gleichen Wirklichkeit befinden. Das macht es uns fast unmöglich wirklich herauszufinden was unser Gegenüber fühlt, denkt oder beabsichtigt. Allerdings können wir dank der sozialen Wahrnehmung und dem stetigen Training darin, der Sache sehr nah kommen. Allerdings gibt es dennoch eine hohe Fehlerquote, welche durch unsere Selbstwirksamkeit und Attributionsstile abgemildert wird. Es beginnt bereits damit, dass wir aufgrund unseres Ökonomieprinzips unser Gegenüber sehr schnell einsortieren wollen und meist den Vorgang der sozialen Wahrnehmung unbewusst abkürzen. So kann es bei der Einstellung von Mitarbeitern passieren, dass ein besonders attraktives Aussehen unbewusst mehr gewichtet wird, als die beruflichen Qualifikationen. Selbst wenn wir einen Menschen falsch eingeschätzt und demnach falsch kategorisiert haben, versuchen wir meist dennoch alles daran zu setzen, dass dieser Mensch unserer Vorstellung entspricht. Denn niemand gesteht sich gerne ein, falsche Entscheidungen getroffen zu haben, diese würden unser Selbstgefühl nur unnötig verschlechtern. Wenn überhaupt sind die Umstände daran schuld. So kann es sogar passieren, dass der besonders attraktive Mitarbeiter trotz den schlechten Umsatzzahlen in Schutz genommen wird, denn schließlich hat er ja z.B. ein kompliziertes Vertriebsgebiet erwischt wo die Kunden sehr eigen sind und dafür sind die Umsatzahlen eigentlich doch gut. Dies wiederum kann dem Mitarbeiter eine verstärkte Selbstwirksamkeit verschaffen, so dass diese anfängt ihn stärker zu motivieren und er sich zu der Person entwickelt, zu der er anfänglich fehlerhaft gesehen wurde. Evtl. können wir sogar unsere Welt um uns herum so gestalten wie wir es möchten, da wir ständig in Wechselwirkung zu anderen stehen um uns so gemeinsam weiterentwickeln zu können. Vielleicht belügen wir uns gegenseitig die Welt auch nur schön und werden dies nie wirklich erfahren, da unsere Selbstwirksamkeit und unsere Attributionsstile uns vor diese Wahrheit beschützen. Soziale Wahrnehmung kann also nicht annähernd so einfach erklärt werden, wie sie unbewusst in uns abläuft. Für den Ersteindruck ist nur ein Bruchteil einer Sekunde notwendig, hingegen kann über einen kurzen Erklärungsansatz bereits stundenlang philosophiert werden.

Literaturverzeichnis

Elliot, Aronson & Wilson, Timothy D. & Akert, Robin M. (2008) . Sozialpsychologie 6. Aktualisierte Auflage. Halbermoos: Pearson Verlag.

Myers, David G. (2008) Psychologie 2. Erweiterte und aktualisierte Auflage Heidelberg: Springer Verlag.

Fischer, Peter & Asal, Kathrin & Krueger, Joachim I. (2013). Sozialpsychologie Heidelberg: Springer Verlag.

Zimbardo, Philip G. & Gerrig, Richard J. (2008). Psychologie 18. Aktualisierte Auflage. München: Pearson Verlag.

Spektrum Akademischer Verlag (2000) Lexikon der Psychologie / Halo-Effekt URL: http://www.spektrum.de/lexikon/psychologie/halo-effekt/6232 Abruf am 25.07.2014

BEI GRIN MACHT SICH IHR WISSEN BEZAHLT

- Wir veröffentlichen Ihre Hausarbeit, Bachelor- und Masterarbeit

- Ihr eigenes eBook und Buch - weltweit in allen wichtigen Shops

- Verdienen Sie an jedem Verkauf

Jetzt bei www.GRIN.com hochladen und kostenlos publizieren